重大な事故を
防ぐための実践論

「活かし・つなぐ活動」の進め方

古澤 登 著

中央労働災害防止協会

目次

本書は、第八十回全国産業安全衛生大会 二〇二一年 東京大会（会場：東京国際フォーラム。中央労働災害防止協会主催）にて行った講演「『活かし・つなぐ活動』の進め方～コロナ禍と安全活動の共通課題を考える～」の講演録を再構成し、大幅に加筆したものです。

はじめに

重大な事故を防ぐためにやってきた、私の実践論を話します

「後付けでなら誰でも言える」と言われて

令和二年年初以降、新型コロナウイルス感染症の問題で世界中が、そしてもちろん日本も、いろいろな形で、従来とっていた生活様式を見直さざるを得ないような状況になりました。大変大きな出来事ですが、人類の歴史は、古くから細菌・ウイルスとの闘いの歴史とも言われていますし、これからも戦っていくことになると思います。その中で令和二年の一月から令和四年八月十日までの間に日本において新型コロナで三万四三七七人の方が亡くなりました。人が移動することによって、人から人へと感染するウイルスだということは分かっていたわけですから、対策の打ち方さえ間違えなければ、死亡した人の何人かは救えたのではないかと、後付けですが、テレビや新聞等々のマスコミ報道を見ながら思っていました。

実はこのことと同じようなことを、私が安全スタッフになった一年目に、現場で言われたことがあります。今でも忘れられません。

「後付けでなら、誰でも言えるわ」

「おう古澤、いいな、お前は。ケガが起きてから物を言えばよい職場じゃないか、誰でもできるわ」。

まったくそのとおりだと思いました。しかし、「後付けであっても、その反省を次へ活かすことができればよい」と考えました。私は安全スタッフ一年目に死亡事故対応をすることになって以来、「執念」をもって死亡事故をなくすための活動を構築し、結果として企業体質を強くしてきたという自負があります。私がやってきた重大な事故を防ぐことに軸をおいた実践論、経験は、コロナ対策と共通することが多くあり、照らし合わせて考えてみることが多くなりました。もう少し対策の取り方さえ間違えなければと何度思ったことでしょうか。このことについてお話をしようと思います。

これからの活動にどう活かすのか

災害が発生したからこそ、言えることがあるというのは事実です。労働災害の担当をしていると、ケガが起きた後には反省が生じます。起きたことで気付くこともあるのです。起きてから言えることを、これからの活動にどう活かすのか、未然防止にどのようにつなげるかが大切だと思います。今回の新型コロナ禍が、全世界の人たち、日本中の人たちに、間違いなく自分の問題としてとらえなければならないという事態になったので、理解しやすくなったと思います。国の対策のとり方に対して、「えー違うでしょう」と思ったこともあったはずです。このことをわれわれの安全活動にどう活かしていくのかということをお話しします。

私たちは、指摘するだけでなく、「活かし・つなぐ」ということがいかに大切なことか知っているはずです。先ほど申し上げたように、安全担当になった一年目に、自分の元職場で悲惨な死亡災害を発生させてしまいました。大変ショックを受けました。車を作って夢を買っていただく仕事をしている、その従業員の夢を失くしてどうするんだと思ったのです。それから執念を持ち続け、とことん、死亡事故のない会社をつくりたいと思ってやってきました。そう簡単ではなかったけれども、十数年かかり未然防止の体制をつくることができました。その内容を全国の事業場の皆様方にいろいろな場で話をさせていただいていますが、具体的に活かしていただいた会社では、大きな成果がでています。この教訓を共有化し、共通課題を認識しあって、そしてコロナ対策をどういう風に安全活動に活かしていけばいいのかということを一緒に考えていただきたいと思います。

総論　安全活動もコロナの対策も命を守る活動である

「安全」は与える側の仕事　「安心」は受ける側の心情

東日本大震災の発生以来、またこの新型コロナ禍においても、安全担当をしている者にとってはなじみの深い「安全・安心」という言葉が多く使われるようになっています。「安全・安心」という言葉を使うことは間違いではありません。しかし、私は違和感を覚えます。安全と安心は意味が違うからです。

安全とは何ですか。誰がやることですか。安全というものを、働く企業の中において考えてみてください。働く人たちが、環境温度を下げる対策をできますか？　騒音を下げる対策を簡単にできますか？　機械がぶんぶんまわっている危険な状態を、作業者自身が正すことができますか？　無理です。こういうことに対する対策推進者、環境整備をするべき人間は誰かというと、役員や管理者であり、会社としてトップの人たちがやるべき仕事です。コロナ禍でいえば、まさに、国が仕組みをつくり、金をかけ、そしてみんなの意識を高揚させ、一体となってやっていくという方向性を出す責務があるということです。

一方、安心というのは、そういった安全な作業環境で「うちの会社では、命の心配なんかせずに、ケガの心配もせずに仕事に専念できるよ」という作業者の心情です。つまり、そういった安全な作業環境のもとで仕事ができてはじめて、受ける側の作業者からでてくる心情を表した言葉が安心です。その安全と安心、主体となる人も違えば意味合いも違う二つの言葉を一緒に発している、これは私には丸投げとしか思えないのです。国民に、従業員に、「みんなお前たちが気を付けてやれよ」とこう言っているのに等しいのではないでしょうか。

ですから、本当に安全で安心になったのならばよかったと私は思っていますが、そうではなく、安全・安心という言葉を聞いた瞬間に皆さんが拒否感を覚えるようになってしまったとすれば、それは残念なことだと思います。

このことは、私たちは言葉の使い方、意味、そして役割というものをしっかりと認識しなければならないという一つの教訓です。皆さんはこれからいろいろな言葉を使うと思います。スローガンは大事ですし、言葉も大事です。抽象的でも大きな方向性を示し、合意を得るための言葉は大事です。しかし、その意味というものをしっかりと具体的に理解して活動をしていかなければならないと思います。

安全活動の前提となる考え方があります。「安全活動を何のためにやっていますか？どういう目的でやっていますか？」と聞かれた時にどのような答え方をしますか。「十文字以内で言ってください。」とよく言います。分りやすさです。答えは、「命を守る活動」です。ゼロにすることは、究極の目的です。しかし、小さなケガを含め、なくすことは難しいです。でも最も大切なのは、まず重篤な災害をなくすこと、命を守るための活動が大切なのです。

新型コロナウイルス対策も命を守る活動です。新規感染者数を減らすことだけが目的ではないということです。まさに、安全活動の中心的な活動、柱ともいわれているリスクアセスメントの目的そのものです。「重篤な災害（最悪の事態の想定）の未然防止」です。政府・自治体が行う新型コロナウイルス対策で本当に最悪のことに対する対応ができたのかというと、課題が多かったと思います。

令和二年の一月に北海道の方で始まり、なんとなくおかしいな、どこから広まったのかと調べ始め、そして横浜のクルーズ船の問題がありました。このような中で、「島国の日本だからこそ、水際作戦をして人の移動を制限しないと」と私はそう思いました。

最悪の事態の想定と対策が弱い

私は安全活動で常に最悪の事態の想定を基本にやってきました。今では安全活動の柱・基本になっています。そうするべきことは、新型コロナ禍でもまったく同じだったはずですが、初期の初動対応で失敗し、後手・後手の対策になりました。初動対応をきちんとしていれば、検査体制を早めに整えていれば、感染経路の把握などの対策がとられていれば、たくさんの人たちの命を失うことはなかったと思います。まん延も抑えられ、緊急事態宣言を何度も出す必要もなかったことでしょう。リーダーの言動がいかに大事かということを、教訓としてわれわれは学ばなければなりません。特に、具体的な行動・具体的な表現などが大切だったということです。

私は、日本全国の多くの企業を指導させていただいていますが、共通して欠けていると感じるものは何かというと、安全活動の捉え方、安全とは何か、安心とは何かという理解度、最悪の事態の想定とはどういうことをやるのかというようなことに対する具体的な表現、具体的な活動、コミュニケーションの取り方などです。

例えば、緊急事態宣言です。これまで何度も出た中で、それぞれの宣言の何が違ったのでしょうか。また、活動として何をすべきか具体的でなく、同じことしか言わないから皆

が飽きてマンネリ化する、そして慣れ過ぎてしまったのではないでしょうか。

私自身が現役の時に、職場に非常事態宣言を出したのは、一回だけです。もしまた同じようなことが起きた時に、何をすべきかということを最初に考えました。そして、こうやれば、こうあれば、起きないはずであるというベースをつくりました。その活動のベース、つまり仕組みです。このハードとソフトの仕組みをつくったことによって、この後に同じようなことが起きたとしても、それまでの活動に何が欠けていたのかがすぐ分析できるようになりました。新型コロナ対策でも、一回目の緊急事態宣言に対して、何が足りなかったのかの検討があり反省を活かし、二回目に何をすればいいのかを訴えれば効果的だったと思います。何を具体的に変えたかったのか、国民に伝わらなかったとすれば、もったいなかったということです。

多くの会社で、災害が続けて発生すると、極端に言うと毎年のように、非常事態宣言を出しているケースがあります。これではだめです。活動のベースが整っていない、腹落ちするような、納得するような活動を作業者に見せていないということが問題なのです。問題をきちんと整理することをやらずして、ただ上の者が非常事態だ、件数が増えたと騒ぐだけでは、災害はまったく減っていきません。

ほとんどの会社は、基本となる活動はできていると思います。しかし、具体化、具体性のある活動にならず、同じ対策の繰り返しになっているケースが多く見られます。もっと言えば、ゼロ災運動は高い理念を持っていますが、現場に行くと、ヒヤリ・ハット、ＫＹ（危険予知）、指差し呼称がゼロ災活動だと三種の神器のように言っています。現段階では、人に頼った安全活動だけに重きをおいてもうまくいかないことは、結果として全国の労働災害の数値に表れています。四日以上の休業災害は増加傾向です。同じことをやっていてはだめです。そこでどうするかというと、災害を起こさない仕組みはどうあるべきかとか、その仕組みをどう作っていくのか、機械安全をどうするのか、環境整備をどうするのか、予算はいくらかけていつまでどこまで対策していくのか、ということを整理して取り組んでいくのです。リスクアセスメントをごまかして、表づくりごっこにしてしまうのではなく、リスクレベルが高く出てしまってもよいではないですか。なぜそれを正面から受け止めてランクダウンする努力をしないのか、最初から数字を隠させてどうするのか。新型コロナ禍でいえば、ＰＣＲ検査をしないことで感染者数を落としてみせてどうするのかということです。そうならないように正しい見方・活動にしていかなければいけません。

難しい課題「慣れと慣れすぎ」

難しいテーマですが「慣れと慣れすぎ」について皆さんの企業の中で議論してください。慣れることは大事です。新入社員がいつまでも怖がっていたら、仕事になりません。早く企業の風土、文化に慣れてもらいたい。車の運転でも怖がってばかりでは運転できません。スムーズに運転できるように訓練しなければなりません。しかし慣れすぎた時に、極端な話、スマホを見ながら運転すれば、コンマ何秒で事故になりかねません。速度違反はしてはいけないと言われているのに、スピードの出しすぎで人をひいてしまっています。慣れと慣れすぎの境界は、非常に難しいのです。

しかしここでわれわれは、どこに線を引いていくのかということをお互いに話し合って決めていく必要があります。今回は「緊急事態宣言慣れ」ということがありました。慣れすぎてしまいました。慣れじゃない、慣れすぎなんです。このことによっていろいろな問題がでてきました。

「若者たちよ、不要不急の外出は控えてくれ」。そのとおりかもしれません。しかしながら、若者たちは、必要性があると思うから出かけるのでしょう。言葉というものは、受け取る側の立場によって、人によって違うので、線引きは難しいです。だからこそ、何がいま問題なのかをより具体的に、ピンポイントで当たるような言葉で示さなければなりません。今回百点満点はとれないけれども、九九・九九点くらいはたぶんとっている人たちが多数で、守れない人たちがその残りの人たちだと考えます。

安全活動もルールを守れる、守れないといったときに、ほとんど九九％以上守れています。守れていないのはなぜか、それに対して具体的に表現し、具体的な問題を共有化していけば、腹落ちするでしょう。経営者と作業者が一体となれるでしょう。それができないでどうするかということが、今回の新型コロナ禍でいやというほど分かったはずです。

この分かりやすいテーマを、活かしましょう。言葉の具体化です。現在は、労働災害は、自分の身の回りではめったに起きません。しかしながら、われわれはいつか起こるということ、これを未然防止するための活動、意識改革、教育訓練を積み重ねていかなければなりません。これは人とウイルスとの闘いと同じように、労働災害とわれわれ安全スタッフあるいは管理者との闘いなのかもしれません。次から各論に入りますけれども、私の話の柱はこのようなことかなと思っております。

ここまででも同意をいただけるようなことがあると思いますので、ぜひ活用していただきながら、今の安全活動はこうだ、経営者の姿勢はどうなんだ、われわれ安全スタッフの姿勢はどうなんだと、そして作業者の声を本当に聞いているのか、聞こえのいい言葉だけを聞いていないか、聞くだけでなく実践に移しているかなど、振り返っていただきたいと思います。

各論　安全活動は危機（危険）管理

(1) 真の要因を捉え、対策をとる

昔からわれわれは、「安全管理」という言葉を使ってきました。私は、当初、安全衛生管理部に所属しました。ところが私は一年目で疑問を感じました。管理する部署ではないな、ということで、推進部という名前に変えてもらいました。安全衛生を推進するということです。

安全な状態をどれだけ維持できるかではなく、危険な状態を見つけて危険な状態だという共有化ができ、防止策を示すことが大切です。今回の新型コロナウイルス対策も、どこで起きているのか、誰がではなく、どういう場面で、どういう原因で、ウイルスがまん延してきたのか、これらが分かっていれば手が打てるでしょう。ところが、何人発生とか中身が分からない数値だけが報道されています。本当に何が原因で、どういうパターンで起きていて、どういう気を付け方をすればよいのかを、もっとアナウンスしていれば、防ぐことができたかもしれません。

これは安全対策と同じです。どんなケガが、どういう場面で起きているのか、その心理的な背景要因、環境の背景要因を「なぜなぜ分析」を実施して、真の要因に行き着くことです。この真の要因に対するアナウンスができれば、この安全な状態というものをつくることの意義がでてきます。

忘れてはいけないのは、安全はマネジメントそのものということ、経営者のトップマネジメントです。つまり、どれだけの危険源の減少にどれだけの予算をかけていくのか、いつまでに直しますよという宣言をすることです。このことによって、「そうか分かった、ではわれわれはどうすればいいのか」ということを作業者たちも参画をして一緒になってがんばろうという気持ちになるわけです。つまり上から下まで一体感をもってやるための役割分担があるということです。そのためのトップの発言や言葉遣いは非常に大切なのです。ただ、対策を講じていても結果はきれいに改善に向かうばかりではありません。災害も品質もカイゼンもそういうものなので、一喜一憂しないことです。目標の九十パーセントで道半ば、残りの十パーセントはそれまで以上の労力とコストがかかると思ってください。今回のコロナ感染者数も土日の関係もありますが、グラフが上がったり下がったりしています。下がる時もギザギザです。皆さん、数字で一喜一憂しすぎます。「何千人の会社で、今年は労働災害が十件起きました、大変なことです。」という。件数ではないでしょう。中身は何ですか、ということを申し上げたいのです。

感染者がたくさん出てしまったときは、追いかけなければならないことが多くあります。感染者数が少なくなっているときにこそ、いざというときのための検討・措置をやらなければならないのです。ほっとしている場合ではありません。災害が起きていないときこそ次への備えをしっかりやるべきだということです。

皆さんは企業の中でできているでしょうか。私が提言しているベースづくり、なぜ起きてしまったのか、何が足りなかったのかという物差しがない中で災害が発生すると、バタバタしてしまいます。それは起こる前にやっておくべきです。このことが残念ながら、なかなかできない。物差しを持っている会社は、労働災害が発生してもバタバタしません。キーワードを、何が足りなかったかということに絞れるからです。

(2) 安全活動を災害を減らすためだけの活動にしない

労働災害防止の大きな課題としてあるのは、経済活動との両立です。企業にとっては、まず利益を上げなければいけません。お金がないと安全対策などできません。しかし、それよりももっと大事なことは、人の命を守り、品質のいいものをつくり、安心して働いてもらう環境を提供するということです。安全と品質、環境は企業活動の根幹と言われてきました。安全と品質と環境は、企業活動の前提条件であり、一人ひとりが参画してはじめて成り立ちます。このことを前提にしながら企業の利益を稼いでいくのです。カイゼンをして品質と環境をよくしていくのです。この循環です。人を大事にしない会社で利益が上げられますか。自分を大事にしてくれると思えない企業が利益を上げることができるでしょうか、発展するでしょうか。私はそれはありえないと思います。

今回の新型コロナ禍でも、本当に国民の命を守るためにはもっとやることがあったのではないかと思います。経済活動の停滞を恐れずに、その努力をしたのかということです。このようなことが、後手・後手だと言われていることなのです。

安全分野でも、よくそのことを言われてしまいます。だからこそ、今、未然防止のための仕組み構築をもっとしなければならないと思います。

自動車会社、化学会社、鉄鋼会社と多くの企業が、人の命に関わるような品質のデータ改ざんをしていたことが明らかになりました。あるいは品質問題が発生してしまいました。

これを「平成の教訓」と言っていますが、令和になっても、自動車会社の販売店や電機会社の問題のようにまだまだ品質改ざんをしたり、お客様の命を守るためのデータを改ざんするといったことが続いています。

このことの問題は何か。内部では正すための処理ができずに、外に向かって内部告発をしなければならなかったことです。つまり本当に大事なこと、現場の生の声を中間管理職以上がとりあげなかった、聞かなかったということが、大きな問題なのです。ある意味、日本のモノづくりの危機です。「おかしい」という言葉を聞かずに、「いいのだ、放っておけ」と言っていて、内部告発で外にばれたら「ごめんなさい」と頭を下げているのです。

このようなことを考えると、私たち安全スタッフは、まず最初に何が大事かということをしっかりと頭にたたきこんでおくことが必要だと痛感します。安全という、企業活動をするための前提条件を担っているのです。だからこそ安全の仕事に従事する人たちは大事なんです。安全活動を災害を減らすためだけの活動にしないでください。災害が起こるところには、いろいろな複合的要因があります。その複合的要因に対する対策をどうとっていくかということが安全活動なのです。このことを徹底すれば、相互注意できる職場づくりにつながるということです。災害発生件数を減らすこと、新規感染者数を減らすことだけが目的ではありません。仕組みの見直しにつなげることです。何か事が起こったら、見直せばよいのです。そのたびに反省をし、活かしていくということです。

(3) リーダーの発言と行動は重い

「みんな安全にやってくれよ、安全第一だぞ」と言いながら、ポケットに手を入れている経営者、管理者がいます。「みんな安全にちゃんとやれ」と言いつつもあいさつもしません。「おはようございます」と言っても返ってこないような経営者、管理者がいます。コミュニケーションのスタートは「おはよう」「ありがとう」などのあいさつからではないでしょうか。私が推奨するのは、「ありがとう巡視」です。現場からありがとうと言われない、煙たがられるだけの巡視をいつまで繰り返しているのでしょうか。（巡視については、巻末「プラス1　補論」へ。）

言動というのはなかなか難しいです。私は安全第一という言葉を使ったことはありません。なぜなら、現場は生産第一だからです。そのためには、前段階で安全な作業環境を整備して、現場は安心して生産第一にできるようにしてあげなければならないのです。安全は、初めの段階で取り組むから「すべてに優先する」という言葉を使ってきたのです。意味が分かって、「安全はすべてに優先する」という言葉を使っているのでしょうか。

要は一番ということなのですが、品質も一番だったり、原価が一番だったりするでしょう。同じ役員が会議によって一番を使い分けていたりします。それでは現場が混乱します。現場は、生産が一番で良いと思います。リーダーは、より具体的に分かりやすく納得性のある話をしなければなりません。

もう一つ確認したいのは、リスクアセスメントという言葉です。最悪のことを想定するための活動になっていますか、本音の活動ができていますか、それを受け取める側の体制はできていますか、ということです。どんな結果でも受け取める体制ができていないと、作業者だって自分のことがかわいいから、提言が「天に唾」となることを恐れて、無難なことだけを言うなど、保身に走ることになります。営利企業である以上、利益至上主義は問題ありませんが、極端な利益至上主義はまずいです。逆に利益を損ないます。極端にするから、自己保身のために嘘をついて経理をごまかし、品質のデータ改ざんに走らせたり、現場に嘘をつかせてしまうのだと思います。これで一時、儲けたようにみえたとしても意味がありません。後で大損してしまいます。

私たちは、活動をもう一度自分の腹に落とすために、「誰のために、何のために、いつ使うために」行うのかを言えるようにしましょう。リスクアセスメントは誰のため、何のため、いつ使うため、ＫＹは誰のためにやっている？　といった具合です。

しかし、そうして指差し呼称はいつ使うためにやっている？　などと考えていると、やらされ感でいっぱいの活動？　形だけ？　形式主義？　形骸化した活動？　といった言葉も浮かんできてしまいます。こういったことが今、現場にまん延しているのです。災害が減ったこと、感受性が低くなったことなどから、今まで言われたことの踏襲をしていればよいという管理者やスタッフが増えたことなど、いろいろな要因が考えられますが、形骸化した活動からの脱却を図る必要があると思います。考え方・取組み方の再検討を迫られているような気がします。

(4) 正常性バイアスに立ち向かう

正常性バイアスとは心理学の言葉だそうです。予期せぬ事態が起こったり、想像を超える事態に直面したときに、「これは正常な日常の延長線上の出来事」と捉えてしまい、危険を直視できない心理を指します。誰しもに起こり得る心の動きです。

平成二九年十二月、新幹線のぞみ三四号が走行中に台車に亀裂が入って異音・煙・匂いが生じた問題では、車両を止めて確認するタイミングがもしも遅れていれば、大惨事になるところでした。その時にも使われた言葉ですし、今日本中で発生している自然災害でも同じことが起きています。大丈夫と思った瞬間に危険予知や具体的な行動からの回避につながってしまうのです。

私たちはこれからも、地震や風水害とつきあっていかなければなりません。しかしながら小川のような川があふれて、三メートルも家が浸かってしまうようなことが起こるとは想像もできないし、想像したくないという心理が働きます。実際にいろいろなところで風水害で山崩れが起きてはいるものの、まさかわが家で起こるとは思わなかった、まさか新型コロナウイルス感染症に私がかかるとは思わなかった、という心理です。

確率論で考えれば、いつか事故は発生するのだから、空振りでもよいからきちんと行動できる習慣化をしていくことがいかに大切かということだと思います。しかし、新幹線の亀裂の問題では、命にかかわる問題があったら車両を止めろと教育・訓練をされている人たちでさえも、列車を止めることを躊躇《ちゅうちょ》しました。企業の中でも、設備異常が起きた時には「機械を止めろ」と言われています。でもやっぱり生産第一だから、その場に直面すると止めにくいです。だからこそ、止めやすくする環境づくりや、止めやすく復帰しやすい設備へ改善していくことなどが必要になるのです。

安全は技術ですから技術を開発し設備に組み込んでいくことをずいぶん実践してきました。人間はミスをする動物だという前提で、ハードとソフトの対策をやっていくことが重要になります。「正常性バイアス」は、誰でも持っていることです。それではだめなんだというところの教育と訓練、そして習慣化をどうやっていくかです。新型コロナ禍でも大事なことは、手洗い、うがい、マスク、三密回避といった基本行動だということは理解しているはずです。私も、それまでやっていた手洗いの回数の三倍、四倍はやっています、

身につきましたね。

また、基本行動として、ポケットに手を入れて歩かないのは当たり前のことです。ある会社で、暗い階段を上って行くときに頭をぶつけました。気付けば、上に「頭上注意」と張り紙がありました。暗いので足元ばかり気にしていたので、足元に表示してほしかったです。何のために上に表示しているのでしょう。もっとも根本対策としては、明るくすべきです。

人間は大丈夫と思いたい心情があります。大丈夫という言葉の中には、本当は大丈夫でないということも含め、自分に対して嘘をついているかもしれません。ここは人間の心理の問題ですから難しいところです。何が具体的に大丈夫なのか、どうすれば具体的に大丈夫になるのかという議論をした上で、共有化することです。百点はとれませんし、絶対はないのです。しかし、この心理学者が言っている正常性バイアスに立ち向かっていくことはしなければなりません。洪水なんかこない、台風なんかこない、コロナなんか私の家には来るわけがないと思いたいですが、最悪の時を想定した行動、一歩先を考えていく訓練、クセ付けをしなければいけないのです。

(5) 数値管理からの脱却

令和二年の五月ごろ、新型コロナ禍で新規感染者数が何件を超えたら大変だと言っていたか覚えていますか。百件超えたら大変だ、東京五百件、いやいや全国で五百件でした。その後、またたく間に増えてしまいました。

どう上がって、どう下がったかの傾向値管理は大事です。ところが、その原因は報道されません。全国で三百人減ったから良かったということではありません。数字を捉える感覚に人は騙されてしまっています。ずっと高い値が続く、悪いことが続くと、十分の一になったとき、百分の一になったときにほっとしてしまいます。重症者・死亡者が出ていることが問題なのです。一家の大黒柱だった人が、大事なおじいちゃん、おばあちゃんが、そして、若い人たちも亡くなっています。一人ひとりの命、家庭、環境を考えた時に、辛いものがあります。自分の妻が、子供がと考えた時に、数字の傾向値管理は大事ですが、もっと大事なことは数字の中身だと言っているわけです。

そうして次に、例えば重症化の内容を分析して、どういう傾向があって、ワクチンを打った人がどれくらい含まれるのか、どれくらい助かっているのかが分かってきました。また、飲食店に遮蔽《しゃへい》板などの対策、管理ができてきた、対応が取られてきたことによって、食事をしても良さそうだが、大きな声でしゃべるのはいけないなど、いろいろなことが出てきました。そうした内容が重要なのです。

各企業で、災害件数が会社目標になっています。死亡ゼロはもちろん当たり前で、休業災害十件以下、不休災害三十件以下などの数値が設定されていることが多いのですが、労働災害の目標は、ゼロしかないはずです。潜在的にどうしたら人が命を失うか、そうしたことがどこで起こり得るかということを、もっと具体的に示して、表に出た件数よりももっと内容で考えなければなりません。休業件数管理だけをやっているのは、時代遅れではないでしょうか。活動方針に具体的な危険源対策、止められない設備をどうやって止められるようにしていくのか、止めにくい設備をどうやって止めやすくするのか、などを具体的な実施事項として方針にすべきだと思います。

数字による目標管理は大事ですが、数字だけで一喜一憂している姿をたくさんの事業場で見てきた私にとっては、あまり数字だけにこだわってほしくありません。滑った、転んだ、切ったなどもとに戻れば良しとしませんか？　もちろん対策は必要です。「一歩間違えば死んでたよね。たまたまヒヤリ・ハットで終わっただけだよね。」という災害は大きく取り上げるべきだと申し上げたいです。死亡事故とヒヤリ・ハットで結果は異なっても、中身が一緒だという事象はたくさんあるのです。メリハリをつけた活動が腹落ちにつながります。そうした内容重視の活動ができる安全スタッフ、経営者になってもらいたいです。

労働災害の傾向のお話しをしますと、死亡者数は令和三年は、八六七名と報告されました。私は千人程度から九百人台に入ったとき、全国の事業場を回って肌感覚で感じたのは、これからの日本の労働災害は減らないなということでした。なぜかというと、形骸化した活動のオンパレードだったからです。これまでいろいろとお話しをしている問題が、山積みだったからです。ゼロ災運動、ヒヤリ・ハット、KY、指差し呼称など何のためにやっているのでしょう、ということを言えないような形式重視の人たちがたくさんいたからです。本来、それぞれの活動は素晴らしい活動なのに、捉え方、進め方が間違っているということです。優秀な現場の人に頼った安全活動が限界なのです。それから脱却をし、環境整備をしっかり進める経営者になってほしいということを訴えてきました。このことによって設備が改善され、働く環境がよくなっていくことによって災害がさらに減少していくと考えています。

全体的な傾向では、第三次産業、介護施設や食料品等を扱う小さなお店で災害が増えています。雇用形態の変化も大きい要因です。非正規社員、つまり教育訓練が十分にされていない人たちが増えたことによって、あるいは、大きな会社が危険な作業のアウトソーシングをしているために、正社員の人たちは死なないけれども、関係会社・請負会社の人たちが、亡くなったり、大きなケガをしているのです。このことに目を向けていかなければなりません。

製造業における休業災害の増加というものもあります。四日以上の休業災害は、ずっと増え続けています。一つひとつの活動をどれだけ深堀りをしているかということが大事だということです。

(6) 災害が止まらないなら、対策は重点指向で

「古澤先生、災害が止まらないんです。同じ工場、同じ事業場あるいは同じ部で続けざまに起こるのです。どうしたもんでしょうね。」とよく相談されます。これには多くの原因がありますが、その一つには、初めの一件が起きた時の対応の仕方が間違っていることがあります。初期初動の失敗です。

災害が起こる前には「おうノルマがんばれや、コスト低減がんばれや」と言っていた管理者が、災害が起きると「何やってんだ、お前たちは」「あれもこれもやれ、全部やり直しだ」となってくるのです。こういうことをやるから、現場で一生懸命に十年、二十年、三十年と無災害で来た職場が、災害が発生すると無茶苦茶にかきまわされてしまうのです。そうすると今まで培ってきた自分たちのリズム、自信、感覚、感性というものをみんなゼロに落とし込まれるわけです。結果として、「一生懸命やっても災害が起これば同じこと、やってられないね」ということになります。まさに緊急事態宣言の連発に等しいわけです。腹落ちしない活動をやらされた人たちは、やはりリズムが狂ってきます。心の揺らぎが出てきて、行動がおかしくなってきます。このことによってさらにケガに結び付くというわけです。

私たちはこうした管理者の豹変を「ちゃぶ台返し」と言っています。「原点に帰ってやり直せ」と言い換えれば、それは何か忘れたら原点に帰ろうという素晴らしい言葉ですが、

十年、二十年やってきた人たちの原点はどこにあるのでしょう。十年前、二十年前が原点なのでしょうか。おかしいですね、それまでずっとやってきたことを歴代の管理者も認めてきたわけです。なぜ急にちゃぶ台返しをするのでしょうか。

問題が発生しているので現場の人たちは何も言えません。だからこそ、一生懸命やってきた活動を認めることがまず大事になるのです。一生懸命やってきた活動をまず認める、しかし、今回ケガが起きたことは事実だから、何かが足りなかった。それは何かということの議論をします。そして経営者・管理者も一緒になって考えていくということができれば納得性が出てきます。活動の深堀りをしていくということです。このことをやらない経営者、管理者では、現場は疲弊《ひへい》します。すると連続して労働災害が発生します。

これからは対策を重点指向でやりましょう。多くても三つにしましょう。こういうやり方で、やり方を変えていくだけで、現場の人はありがとうございますと言うんです。もちろん頻発した災害は止まり、減少していきます。

さらに言えば、本社があまり細かいことまで口出しをすることは得策ではありません。全体的に組織を横断的にみた時に、本社が六割、七割くらいは仕組みをきちんと作って、こういう方向に行くぞ、予算はいくら出すからこのようにやってくれ、こういう問題に対してしっかり取り組んでくれ、というのはいいのです。十割をやろうとしては失敗します。後の残った三、四割は工場、事業場の裁量に任すと言わなければいけません。事業場自体で歴史が違うし、働いてきた人も違うのになぜ同じことをさせようとするのでしょうか。

コロナ対策で国が一気にやっている、言うことを聞かないとお金は出さないと言っているようにも聞こえます。なんでもかんでも自分でできればそれは素晴らしいかもしれませんが、はっきりいうと無理です。本社がやるべきこと、上に立つ人たちが組織横断的にやるべきことは何かということの整理をすることが必要です。つまり、災害が起きた時にぱっと物差しとして、比較検討ができるベースをつくることが本社の仕事です。そして力の弱いところにアプローチをし、助けてあげること、つまり推進です、後押しをするような本社部門でなければいけません。これができないところは、本社不要と私は言っています。

(7)「やったやつが悪い！」という対策では問題は解決しない

もうひとつ、これもいまだに直らないのは、災害が起きた時に、やったやつが悪いという対策が多いことです。講義に行くたびにたくさんの災害報告書を確認します。六割、七割、いやもっとかもしれませんが、ルールを守らなかったやつが悪い、KY能力がなかったからケガをしたのだ、とあります。これは違います。教え方が悪かったのか、ルールを守れるような環境を作ってやっていないかという管理面が抜けているのです。

これは災害分析と報告をする順番として「人、モノ、管理」とやるからです。人から入るからどうしてもやったやつが悪くなってしまいます。「管理、モノ、人」の順で考えるようにしてください。自分の部下は自分の息子、娘と教えられました。自分の息子、娘を失くさないようにするためには、親として何をするのでしょう。自分の家族が守れなくてどうするのでしょう。自分が部下に、事故、災害を起こさせてしまったという気持ちを持たない管理者が、起こさせてしまったという言葉遣いをできずにつくる災害報告書はほぼ活かされません。真の要因や真の対策が出てこないのです。

災害を起こしたやつが悪い、新型コロナウイルス感染症にかかったやつが悪い、飲食店に行って飲んだやつが悪い、こう言っているだけでは、絶対によくならないでしょう。それが原因であるかもしれないのですが、対策に具体性がなく、再徹底、再教育という言葉が出ている報告書は要注意です。ルールを守らなかったから、ルールを再教育、再徹底す

る、KYができていなかったからKY能力をつけるための教育、再教育をするという。では、A君もB君もC君も守らなかったのですか。A君も全部守っていないのですか。そんなことはないのです。企業の中でルールを守ることは大前提です。守らないときもあるかもしれませんが、ほとんどは守っているんです。だから具体的に教育のどこの部分が足りなかったのか、フォローが足りなかったのか、教え方が下手だったのか、具体性がなかったのか、何を理解したのかきちんとチェックもしていなかったのかという掘り下げをした中で、いわゆる「5なぜ*」で分析してほしいのです。その結果として自分たちが何をすべきだったかということを、もっと探していかなければならないのではないかと思っています。

*5なぜ：1つの問題に対して「なぜ?」とその問題を引き起こした要因を探り、さらに、その要因が「なぜ」引き起こされたかを見つけることを繰り返すことで問題の根本的原因を探る手法。

(8) 人の行動に頼った活動の限界

繰り返しになりますが、人に頼った安全活動は大切です、しかし、その人に頼った行動をする前提条件となる環境整備はもっと大切ということを、忘れないでください。国際規格ＩＳＯ１２１００（機械類の安全性）ができて、日本産業規格ＪＩＳ Ｂ ９７００になりました。機械安全というものをきちんとやろう、環境整備をきちんとしなければならないということになりました。この環境整備の体制・基準化、あるべき姿を各企業で決めていますかということが問われているわけです。

新型コロナ禍でいえば、どうしたら新型コロナウイルス感染症にかかりますか、職場でいえば、どうしたら労働災害で死ぬのですか、ということの原因系のパターン化ができれば対策も分かりやすくなります。企業単位あるいは事業場単位で災害の発生パターン化をしていないと、未然防止につながりにくいと思います。災害事例は、多くあります。その中で自分たちが、過去の災害の教訓として、防ぎたい災害をピックアップすべきだと思います。対策も多くの項目はいりません。はさまれ災害で例えば残圧処理をせず指をはさまれたとします。その時の対策は三つくらいでいいのです。十も二十もいらないので、整理をしてシンプルにまとめていきます。災害がどうしたら起こるのかというパターン化と、設備・環境をどうするかということのまとめをして、人に頼った活動から脱却することが必要だと思います。

フォークリフトやクレーン、あるいは自動車のような移動型の物のリスクというものは、人が危険源と一緒に動いていますから、リスクを減らすことは難しいです。しかし問題の共有化をしてどこまで環境整備ができるかの挑戦は必要です。また教育・訓練をどのように進めるかなども仕組みとして整備する必要があります。

(9) 行動にまで移せる教育が大事

組織の持つ問題について考えてみましょう。私の好きなとてもいい工場長がいました。しかし、その工場だけ災害が多いのです。その人は言葉の使い方に癖がありました。語尾、つまり、締めくくりの言い回しが問題だったのです。

品質の時は「ちゃんとやってくれよな、頼むぞ」、生産も「ちゃんとやってくれよ、生産第一だぞ」「安全も大事だ、分かったか、安全が第一だ、すべてに優先するんだ、よく考えてしっかりやってくれ」と言っていました。

その「よく考えてしっかりやってくれ」が問題だと私は思いました。「よく考えてやれ」と言われたら、現場の人は生産第一に力点が行きます。その結果、機械を止めずに作業をしてケガを起こすことが増加していたということです。意図していたかどうか分かりませんが、「よく考えてやれ」は禁止と工場長に申し上げた結果、修正してくれました。災害も減少したということです。トップの言動は、影響力があります。作業員は、忖度《そんたく》をします。言葉遣いの大切さを肝に銘じた一件でした。

企業にとって、教育と訓練は命ともいえる活動だと思っています。「知識、意識、行動」ということを教育の前提にしました。知識がない人は意識が芽生えない、意識が芽生えない人は行動に移らないということです。当たり前のことです。だから知識教育が大事、しかしながら、この知識教育だけで終わっているケースが多いのです。そこにどういう意識

を持たせ、自分は何をするべきかという行動にまで移せる教育が大切だと思っています。危険体感訓練も大事だけれども、それを自分の作業、職場に具体的にどう落とし込むかという思考に至るまでの教育、訓練になっていないケースが多いと思います。教育の内容・進め方の充実は大きな課題です。

⑽　災害は職場の問題の代表特性

「災害というものは職場の問題の代表特性」。これは私が作った言葉です。すなわち、ケガをした人も問題がありますが、そのケガをした人に問題をかぶせるだけでなく、背景にはもっと問題があるということを、現場を歩いて突き止めたのです。

あるとき現場の作業者の方から「こんな設備の悪いところで、こんな品質不良もいっぱい出てるのに、経験知識が無い新人社員をよこされて、結局は俺が一人でやらなければならないんだ。そのうえ安全なんかやってられるか」と言われたのです。このとき、ケガをなくすためには、安全管理だけでなく、その背景にある生産設備や生産技術、さらに言えば人員配置まで、職場の問題を全部解決してやらなければならないのだと思ったのです。ケガというものを予想し、死ぬという災害を予想し、なぜそうなるのかという背景を分析し、そこに手を加えていく。「すべての領域にアプローチしていける唯一の領域が安全」というわけです。このことこそがまさにリスクアセスメントの究極の目的ではないかと私は思ってやってきました。今までの活動を見直し、柱となるリスクアセスメントを本気でやれるような形にしていただけるとありがたいと思っています。

おわりに

ダーウィンの『種の起源』に、「最も強いものや最も賢いものが生き残るのではない、最も変化に敏感なものが生き残る。」という言葉があります。まさにこの新型コロナ禍において、過去の知恵や過去の教訓の中には活かせるものもあるでしょうけど、新たなものが必要になってきました。私たちは新型コロナウイルスというものに対峙した経験をすることによって、新たな視点、新たな教訓というものを身につけたように思います。しかしながら、これは過去に私たちが安全活動でやってきたことと、共通する事項がたくさんあったということをお話ししました。この新たな視点、新たな教訓を活かしながら、「命を守る活動」ということを私たちはどのように考えてやっていくのか、もう一度考えてみる必要があるのではないかと思っています。

これからまた変異株が出てくるでしょう。新しいウイルスが出てくるかもしれません。季節性があるかもしれません。また冬になったら増えるかもしれません。こんな予測に対応して備えていきながら、私たちにできる最大の対策は基本行動をきちんとやることだと思っています。

そして労働災害にも変化点はつきものです。特に重篤災害だけは減らしたい、絶対ゼロにしたいと思っています。皆さんがこれを契機にもう一度深く考えながら、労働災害をなくすためだけの活動ではなく、人づくりにつながる安全活動、そして企業体制を強くするための安全活動に邁進《まいしん》していかれることを心から願っています。

プラス１　補論　「ありがとう」と言われる安全巡視の実践

(1)　指摘合戦巡視からの脱却

①　安全活動は数値を追い求めるだけでは失敗する

安全活動だけではないのですが、ものごとを数値化することは、分かりやすくなるし説得力も増すので、大変良いこととされています。しかしながら、安全活動で使われる災害発生件数やヒヤリ・ハット提案件数、巡視指摘件数（「パトロール」という言葉は違反者を見つけ処罰することを想定するのであえて「巡視」と表現してきました。）などは、表面的な数値に過ぎません。極論すれば災害件数は、結果であって職場に潜むリスクの減少とは一致しないし、数値を追い求めすぎると労災隠しなどの問題につながります。また、ヒヤリ・ハット提案件数は、「ノルマ化」していて中身のない提案活動になっているケースも多いようです。巡視指摘件数は、巡視者間で競争すべき数値ではないし、多い少ないという捉え方よりは、管理者など与える側の指導不足と捉えるべきだと思います。リスクアセスメント件数もランクダウンを追い求めるあまり、「鉛筆をなめた数値」になり、実態を表さないなどの問題もあります。数値も大事ですが表面的な数値のみを追い求め過ぎると活動が失敗するので注意が必要です。

② なぜ同じ指摘が繰り返されるのか

巡視の指摘内容をみると、2S（整理・整頓）に関する項目が多いです。それも毎回同じような指摘が繰り返されています。なぜ改善されないのかを考える人たちが少なすぎると思います。指摘件数で評価されることが主体となっていること、正常な状態の共有化ができていないので異常な状態を見抜くことができないこと、危険源を見きる視点を持っていないこと、どうすれば良くなるのかという解決策を一緒に考える知恵がなく、こうした指導をされていない人が巡視していることなどが原因であると考えられます。「指摘合戦から脱却」して、現場からウエルカムと言われる巡視にするためには何をしなければいけないか考えることが重要です。

(2) 納得性・腹落ちしない活動は形骸化する

① 一生懸命やっている現場

安全活動は、多くの人たちの努力で現場に浸透していることは間違いありません。現場の人たちも仲間にケガをさせたくないし、自分もしたくないという気持ちを持ち一生懸命やっています。しかし、作業の忙しさやトラブル対応などの要因があれば、安全は、忘れられる場合があります。大切なことは、まずは、良くやっていることに目を向け、褒め・認めることから始めることです。

② 現場で一緒になって考える巡視

安全巡視において、現場が危険性に気付かずに作業していることを、生産性に目を奪われて黙認してはいけません。これらを是正するためには指摘も重要です。しかし、ルール・規則を盾にとった指摘だけでは、ものを言わない人・職場をつくるだけです。どうしてそうなったか、なぜ守れないのだろうと背景要因について深く考え、話し合うことです。ルール・規則がなぜできたか、守らない場合の危険性など理由をしっかり説明することが重要です。

現場が納得しないまま指摘を押しつけるとかえって現場のリズムを狂わせケガに結びつくこともあるし、現場の力を削ぐことにもなるので留意が必要です。「一緒になって考える」巡視が少なすぎると思います。あれもこれもという巡視はやめて、「こだわりテーマを持っ

た巡視」を奨めます。２Sの場合であれば「ものの置き方と所番地の明確化」「仮置きの原因と表示」など分かりやすいテーマに絞って集中してやる方法を考えてほしいと思います。

(3)「現場的」リスクアセスメントの実践

①　最悪の事態の想定

現在の安全活動の中心は、災害の未然防止であるリスクアセスメントであると私は考えています。しかし、現状の巡視では、なかなかリスクを洗い出すことにつながっていません。リスクは、「危険源と人の接点」と考え、「どうしたらケガをすることができるか」と考えることです。極論を言えば「どうしたら死ぬことができるか、指を切断することができるか」など最悪のことを想定することです。こうした点を見きることができなければ巡視する意味もないと思っています。

方法として、異職場（当該職場職制を含む）などから参加を求め、十人以下でチームを組み、テーマ・場所を決め、一時間／一箇所程度かけて、洗い出しから改善方法（視点・アイデアなど）まで話し合いを行うことが挙げられます。ここで洗い出された内容と対策案をリスクアセスメント表に記載し、現場の改善計画に反映すればよいでしょう。私はこのやり方を「『現場的』リスクアセスメント」と呼んで推奨しています。

② テーマ設定の勘所

「現場的」リスクアセスメントは、的を絞って行う安全巡視でもあります。一度に工場内すべてを見るよりは、稼働率の低い設備や工程、繁閑の激しい工程・場所などに絞ることと、重篤な災害につながる要因別に「はさまれ・巻き込まれ」「墜落・転落」「車両」などテーマを決めて実施します。もっと絞るとすれば「動力停止状態・範囲の確認」「他人の誤操作防止方法の実施状況」「ドライバーやバールなどの小道具確認」などがあり、巡視に参加する人たちの焦点が絞られることで議論が集中し、改善の方向やアイデアも出しやすくなります。現場の人たちにも納得性が得られ、腹落ちして活動意欲につながります。「あれもこれも巡視」からの脱却でもあります。

③ 小さな改善を認めアドバイス

「現場的」リスクアセスメントの結果として、多くのテーマがでますが、すべてを一度に取り組むことはできません。そこでリスクレベルの評価点の高い項目から改善を実施することはもちろん王道ですが、もっと大事な視点は「現場が困っている」「自分たちの作業が楽になる」「取り組みやすい」などなのです。これらの視点で三項目くらいに絞って選び、一項目ずつ全員参加で改善を進めることです。

管理者は、時間と場と予算を提供することが重要です。そして次の巡視で改善経過を確認しますが、百点満点の結果を求めるのではなく、まず十点でも改善が進んだら褒める（活動を認める）ことが大変重要です。その後でさらに改善を進めるための提案やアイデア提供を行います。現場の人たちは

小さな改善で達成感を感じ↓　認めてもらうことで自信になり↓　次への挑戦意欲が湧き↓　人が成長し↓　チームワークが強固になる、

というステップを踏むはずです。管理者側は、時間がかかってもこのことを続けていくように心掛けなくてはなりません。

(4)「ありがとう」と言われる巡視の実践

安全巡視は、指摘が目的ではなく、「改善を通じた人づくり」が目的であると考えるとよいでしょう。ケガをするのも人、ケガを防止するのも人です。良いアドバイスをもらい自らの力で職場をより良い方向へ改善していくことができれば、そして、具体的に自分達のやるべきことが理解できれば、自主的な活動の一層の充実、企業体質の向上、結果とし

て災害の発生しにくい体制づくりにつながっていくと信じています。安全活動のみならず、結果も大事ですが、活動プロセスはもっと重要ということです。そして「嫌われる・ノット ウエルカム巡視」から「ありがとう・ウエルカム巡視」へと変わっていくことでしょう。

【プロフィール】

トヨタ自動車㈱安全衛生推進部担当部長などを務め、二〇〇三年菱栄工機㈱に出向・転籍。代表取締役専務、技監を歴任し二〇一一年三月退社。退社と同時に「安全と人づくりサポート」を立ち上げ代表に。多くの企業・団体・大学で安全衛生活動を通じた元気な人づくり、職場づくりなど現場目線の熱い心で実践論を展開、講演や現場指導を推進。その間、「愛知労働局長功労賞」「中災防緑《りょく》十字賞」「向殿安全賞功労賞」を受賞。

重大な事故を防ぐための実践論
「活かし・つなぐ活動」の進め方

令和４年10月14日　第１版第１刷発行
令和５年１月20日　　　　第２刷発行

著　者　古澤　登
発行者　平山　剛
発行所　中央労働災害防止協会
〒108-0023
東京都港区芝浦3丁目17番12号　吾妻ビル９階
電話　販売　０３（３４５２）６４０１
　　　編集　０３（３４５２）６２０９

印刷・製本　㈱丸井工文社
表紙デザイン　スタジオトラミーケ
イラスト　ミヤチ ヒデタカ

ISBN978-4-8059-2070-1 C3060
中災防ホームページ　https://www.jisha.or.jp